I0157243

Barefoot Muse
PRESS

Saint-Pol-Roux

& Other Poems from the French

Saint-Pol-Roux

& Other Poems from the French

Translated by
Anna M. Evans

Barefoot Muse Press
2012

Copyright © by Anna M. Evans
All rights reserved

First edition, 2012
Published by Barefoot Muse Press

ISBN-13: 978-0615623085
ISBN-10: 0615623085

Printed in the United States of America

Acknowledgements

Grateful acknowledgement is made to the editors and publishers of *The Chimaera*, where both "Sea Breeze" and "Meditation" first appeared. Thanks also to Willis Barnstone who selected "The Drunken Boat" and "At Villequier" as finalists for the Willis Barnstone Translation award in 2007 and 2011 respectively.

Table of Contents

Saint-Pol-Roux
1861-1940

La Carafe d'eau pure

À Jules Renard

Sur la table d'un bouge noir où l'on va boire du vin rouge.

Tout est sombre et turpitude entre ces quatre murs.
La mamelle de cristal, seule, affirme la merveille de son eau candide.
A-t-elle absorbé la lumière plénière de céans qu'elle brille ainsi,
comme tombée de l'annulaire d'un archange ?

Dès le seuil de la sentine sa vue m'a suggéré le sac d'argent sage que
lègue à sa louche filleule une ingénue marraine ayant cousu toute la
vie.
Voici que s'évoque une Phryné d'innocence, jaillie d'un puits afin
d'aveugler les Buveurs de sa franchise.
En effet, j'observe que la crapule appréhende la vierge...
Il se fait comme une crainte d'elle...
Les ronces des prunelles glissent en tangentes sournoises sur sa
panse...
Le crabe des mains, soucieuses d'amender leur gêne, va cueillir les
flacons couleur de sang...

Mais la Carafe, aucun ne la butine.

Quelle est donc sa farouche vertu ?

Viendrait-elle, cette eau, des yeux de vos victimes, Buveurs, et
redoutez-vous que s'y reflètent vos remords, ou bien ne voulez-vous
que soient éteints les brasiers vils de vos tempes canailles ?

Et je crus voir leur Conscience sur la table du bouge noir où l'on va
boire du vin rouge !

The Carafe of Pure Water

For Jules Renard

On the table of a dim dive bar where men go to knock back red wine.

Everything is darkness and depravity between these four walls. The crystal teat, alone, declares the miracle of its blameless water. Has it absorbed the entire light from this place for it to shine like this, as if it had fallen from the ring finger of an archangel?

From the threshold of this den of iniquity the sight of it suggests the sensible purse of silver left to a depraved goddaughter by a trusting godmother after a lifetime of sewing.
And now it reminds me of an innocent Phryne, bursting from a well to blind the Drinkers with her honesty.
Indeed I observe that the crook is uneasy around the virgin...
A fear of her is developing...
The creepers of their pupils slide at sly angles across her belly...
The crabby hand, anxious to ease their discomfort, goes around gathering blood-colored flagons.

But no one ransacks the Carafe.

What, then, is her shy virtue?

Could this water come from the eyes of your victims, Drinkers, and do you fear in it the reflection of your regret, or perhaps you don't want the dirty embers of your scruffy foreheads dampened?

And I believed I saw their Conscience on the table of the dim dive bar where men go to knock back red wine!

La Religion du tournesol

À Antoine de la Rochefoucauld

Tout à virer d'après le Soleil qu'ancillairement il admirait, jamais ce Tournesol, fervent comme un coup d'encensoir figé en l'air, n'avait daigné m'apercevoir, malgré ma cour de chaque heure et de chaque sorte.

Œil du Gange en accordailles avec le nombril du Firmament, la fleur guèbre ne voulait se distraire de son absolue contemplation.

L'indifférence de cet héliotrope me rendit jaloux de l'astre.

Naine au début tant que superficielle fille de ma vanité, cette jalousie, foncière dès qu'adoptée par ma raison, prit désormais une envergure énorme.

Mes moindres appétits de rival convergèrent vers ce mystérieux pétale à conquérir : un regard de la fleur.

Pour une telle victoire je mis au vent, l'un après l'autre, tous les moyens de stratégie possibles.

*

Vêtu d'étoffes somptueuses, comme taillées dans un songe de poète pauvre, une grappe adamantine à chaque oreille, les phalanges corselées de bagues, pontife de l'idée sous la tiare ou prince de la matière sous le diadème, j'allai promener autour de la fleur ma braverie de guêpe humaine.

Le Tournesol ne me regarda mie.

Longtemps je m'appliquai à parfaire ma force ainsi que ma beauté, conjuguant la course, le bain, les poids, luttant avec la corne ou la crinière ou le chef-d'œuvre ; une fois, très fort et très beau, je vins, un essaim de vierges pâmées à mes flancs, produire à l'œil incorruptible de l'inexorable idole le verger de ma forme.

The Faith of the Sunflower

For Antoine de la Rochefoucauld

Turning all the while after the Sun, which it was admiring slavishly,
this Sunflower, ardent as a dose from a censer frozen in the air,
never deigned to notice me, despite
my courtship on every hour and of every kind.

Eye of Shiva in harmony with the navel of the Universe, the fire-
worshipping flower did not wish to be distracted from its
unconditional contemplation.

The indifference of this sun-lover made me jealous of the star.

Tiny at first, like a superficial daughter of my vanity, this jealousy,
deep-rooted as soon as it was adopted by my reason, assumed from
then on an enormous stature.

My slightest tendencies to rivalry converged on this mysterious petal
with one aim: to capture a gaze from the flower.

To gain such a victory I threw to the winds, one after another, all
manner of possible strategies.

*

Dressed in sumptuous materials, as if they were cut out of the
dreams of a poor poet, a diamond cluster in each ear, fingers
corseted with rings, pontiff of the idea under his circlet, or prince of
the matter under his diadem, I went all around the flower putting on
display the insolence of the human wasp.

The Sunflower did not look at me.

For a long time I applied myself to perfecting my strength as well as
my beauty, combining running, swimming, weightlifting, also
struggling with the hunt, or on horseback, or to create a
masterpiece. Once, very strong and very handsome, I came, a swarm
of swooning virgins at my side, to cause the incorruptible eye of the
relentless idol to be directed at my body.

Le Tournesol ne me regarda mie.

Jugeant nécessaire de joindre à l'argument du corps celui de l'âme, je lavai dans mes vagues de repentir le corbeau prisonnier en ma personne, puis on me vit parader devant la spéculative avec un roucoulement de colombe aux lèvres.

Le Tournesol ne me regarda mie.

Traversé de la baroque hypothèse que cet œil pouvait n'être qu'une extraordinaire oreille de curiosité je m'environnai de harpes, de violes, de buccins, et, comme au mitan d'un harmonieux brasier, je m'avançai saluer d'une strophe divine l'inflexible.

Le Tournesol ne me regarda mie.

Sa rude margelle en guise de pupitre, je m'abreuvai si bien à tous les seaux jaillis de la Science que les pygmalions copièrent ma renommée et que les édiles votèrent d'épaisses semelles de granit à mes statues sollicitées par les forums.

Le Tournesol ne me regarda mie.

Espérant décisif le moyen de patrie, je fondis sur la multitude étrangère, saccageai ses lois, brisai ses symboles, brûlai ses bibliothèques, pour finalement m'asseoir sur le trône du roi vaincu, dont la langue coutumière de l'ambroisie léchait mes orteils d'apothéose.

Le Tournesol ne me regarda mie.

Si la fleur était simplement quelque étrange malsaine ? complotai-je un jour d'exaspérée lassitude, — et vite d'assassiner une très vieille femme en train d'éplucher des carottes.

Le Tournesol ne me regarda mie.

Découragé, rageusement j'imaginais des combinaisons, inutiles d'avance, — lorsque passèrent sur la route trois Mendiants...

The Sunflower did not look at me.

Judging it necessary to combine the argument of the body with that of the soul, I washed, in my waves of repentance, the crow imprisoned within me, then people saw me parading in front of the prospect with a cooing dove between my lips.

The Sunflower did not look at me.

Pierced by the baroque hypothesis that this eye could be nothing less than an ear, from curiosity I surrounded myself with harps, violas, trombones, and, as if I were in the center of a musical inferno, came forward to salute the inflexible one with a heavenly chorus.

The Sunflower did not look at me.

Its tough policy having the effect of a lectern, I drank so deep from the flowing pails of Science that Pygmalions copied my fame and the city fathers voted to put thick granite plinths on the statues of me solicited by various groups.

The Sunflower did not look at me.

Hoping that the methods of my homeland were unequivocal, I beat down a foreign population, desecrated its laws, shattered its symbols, and burned its libraries, in order to sit down at last on the throne of the vanquished king, whose expected flattering language licked my godlike toes.

The Sunflower did not look at me.

What if the flower was just some strange sort of unhealthy thing? I pondered one day in tired exasperation, having come straight from murdering a very old woman who was in the process of peeling carrots.

The Sunflower did not look at me.

Discouraged, I was angrily dreaming up schemes, useless ahead of time—when three Beggars passed me on the road.

Évangélique, je m'avance.

— Je suis la Semaille. Dit le premier, aux membres de terre et cheveux de fumier. Je baisai ses cicatrices, desquelles soudainement vagit un avril d'arc-en-ciel.

— Je suis le Chagrin. Dit le second, drapé de feuilles mortes. Je l'enchantai d'espoir, à telles enseignes que sa bouche verdâtre s'ouvrit en grenade et montra des grains de rire.

— Je suis la Vieillesse. Dit le troisième, couleur de givre et de faiblesse. Je jetai mon manteau sur ses épaules, lui cueillis un sceptre de houx dans la lande et lui remis les fruits jolis de ma besace avec le sang rosé de ma gourde, si bien qu'il partit la jambe gaillarde et les pommettes riches.

Alors, me prenant sans doute pour le Soleil, le Tournesol tourna vers moi son admiration, — et dans cet œil je m'aperçus tout en lumière et tout en gloire.

Like an evangelist, I went forward.

I am the Sowing, said the first, with limbs of earth and hair of manure. I kissed his scars, whereupon suddenly he wept a whole April of rainbows.

I am Grief, said the second, draped in dead leaves. I charmed him with hope to such an extent that his green mouth split open like a pomegranate displaying seeds of laughter.

I am Old Age, said the third, the color of frost and weakness. I threw my coat around his shoulders, picked him a staff of holly from the ground, and gave him a mixture of the pretty fruits from my satchel and the pink blood from my wineskin, so good that he left with a jaunty stride and rosy cheeks.

Then, no doubt mistaking me for the Sun, the Sunflower turned its admiration towards me, and in this eye I saw myself all covered in light and glory.

Golgotha

Le ciel enténébré de ses plus tristes hardes
S'accroupit sur le drame universel du pic.
Le violent triangle de l'arme des gardes
A l'air au bout du bois d'une langue d'aspic.

Parmi des clous, entre deux loups à face humaine,
Pantelant ainsi qu'un quartier de venaison
Agonise l'Agneau déchiré par la haine,
Celui-là qui donnait son âme et sa maison.

Jésus bêle un pardon suprême en la tempête
Où ses os tracassés crissent comme un essieu,
Cependant que le sang qui pleure de sa tête
Emperle de corail sa souffrance de Dieu.

Dans le ravin, Judas, crapaud drapé de toiles,
Balance ses remords sous un arbre indulgent,
— Et l'on dit que là-haut sont mortes les étoiles
Pour ne plus ressembler à des pièces d'argent.

Golgotha

The sky, shrouded in its mourning crepe,
squats on the human tragedy of the bank.
The guard's spear has a look of this fierce shape—
a snake's tongue at the end of its wood shank.

Among the nails, wolf-men to left and right,
tremulous as the flank of a hunted hind,
the Lamb is dying, devastated by hate—
he who gave his soul and all he owned.

"Forgive them!" Jesus moans into the storm:
in its force his bones—like an axle—crumple.
Meanwhile, the blood that weeps from his head will form
coral pearls upon his martyr's temple.

Beneath a heedless tree, a toad wearing clothes,
Judas cradles his remorse in the ravine,
and they say that the stars above killed themselves
so they'd never look like pieces of silver again.

Les Sabliers

Assis sur la plage solitaire du Toulinguet, où viennent s'agenouiller les haquenées de l'Océan, je méditais, après la chute de l'empereur des Coupes de Thulé.

Devant, hérissée du dernier vol où se pêlemêlaient guilloux, mouettes, gaudes, hirondelles de mer et perroquets japonais sans queue, l'Ile ; à ma droite, derrière le fort, la Pointe Saint-Mathieu avec ses ruines ecclésiastiques ; à ma gauche, devinées, des pierres et des pierres donnant un frisson d'Eternité à poil, la Tribune, le Lord-Maire, le Dante, les Tas de Pois, le Château de Dinan, le Cap de la Chèvre, la Pointe du Raz, l'Ile de Sein...

Je comparais douze cormorans alignés sur un écueil à une phrase de Poe traduite en alexandrin par Baudelaire ou Mallarmé, lorsque des crissements singuliers venant de Camaret m'intriguèrent la nuque te me firent tressaillir.

Plusieurs théories d'êtres bizarres descendaient le versant : espèces de sauterelles aux membres de bois et corps de verre.

Plus proches, je reconnus des Sabliers.

De toutes dimensions :

Sept, menus comme les fœtus de cinq mois, marquant l'heure ;

Sept, mignons comme les nourrissons, marquant le jour ;

Sept, petits comme les communiants, marquant la semaine ;

Sept, grands comme les adolescents, marquant le mois ;

Sept, hauts comme les titans, marquant l'année ;

Sept, colossaux comme les clochers de cathédrale, marquant le lustre ;

Un, enfin, le dernier, incommensurable comme le génie, marquant le siècle.

The Hourglasses

Sitting on the lonely beach of Toulinguet, where the oceans' horses come to kneel down, I was meditating after the fall of the Emperor of the Thule Cup.

In front of me, bristling from the last flight which had whipped them hither and thither, gulls, terns, sea-swallows and Japanese parrots without tail feathers, the Island; to my right, behind the fort, Saint Matthew's Point with its religious ruins; to my left, just made out, rocks and more rocks sent a shiver of Eternity running through the hairs on my body, the Court, the Lord Mayor's house, Dante, Tas de Pois, the Chateau de Dinan, Cap de la Chevre, Pointe du Raz, Ile de Sein...

I was comparing twelve cormorants stretched out on a reef to a line of Poe translated into an alexandrine by Baudelaire or Mallarmé, when some strange crunching noises coming from Cameret intrigued me enough to make the hairs on the nape of my neck tremble.

One of several theories on the strange beings coming down the side: some species of grasshopper with wooden limbs and a glass body. At a closer distance, I recognized Hourglasses.

Of all dimensions:

Seven, miniscule as five-month fetuses, marking the hour.

Seven, tiny as babies, marking the day.

Seven, small as children at their First Holy Communion, marking the week.

Seven, big as adolescents, marking the month.

Seven, huge as giants, marking the year.

Seven, tall as cathedral towers, marking the age.

One, finally, the last, immeasurable as a genie, marking the century.

- « Hélas ! glapirent les Sabliers. Disgraciés déjà par l'invasion des damoiselles de chêne au nombril d'or, irrévocablement perdus depuis les décrets impies, nous pourrissions dans les moustiers branlants de l'angélique Pays des Coiffes; inutiles désormais loin des reclus qui nous vinrent ici remplir, nous revenons, accomplie notre destinée, à cette plage si sabuleuse depuis le départ des sandales, et notre guide fut la soif de reposer au lieu natal. »

Je compris que nul ne rendrait à ces oubliés le pieux service si le poète ne daignait.

Aussi, commençant par les moindres, je me mis en devoir de vider sur la grève les Sabliers l'un après l'autre.

A cet office nous restâmes des heures, des jours, des semaines, des mois, des années, des lustres...

J'avais entrepris le dernier Sablier, le séculaire, lorsque l'invisible faux du Temps me détacha l'âme du corps.

Les pêcheurs de Kerbonn trouvèrent mon cadavre sur lequel flottait une longue barbe blanche.

Et j'avais l'âge que j'aurai, ô mes Héritiers, le jour de mon décès.

"Alas!" barked the Hourglasses, "Already made less attractive by the invasion of oak maidens with golden navels, irrevocably lost since the immoral decrees, we were rotting in the rickety cabinets of the angelic Country of Wimples, useless from then on, far from the recluses who used to bring us here to fill us, we are returning, fulfilling our destiny, to this beach—so sandy since the departure of the summer shoes—and our guide thirsted to retire to his place of birth."

I understood that no one would perform this reverent service for these forgotten ones unless a poet deigned to.

Therefore, beginning with the smallest, I put myself to the task of emptying the Hourglasses onto the shore one after the other.

At this task we remained for hours, for days, for weeks, for months, for years, for ages...

I had just taken on the last Hourglass, the Ancient one, when the invisible scythe of Time separated my soul from my body.

Kerbonn fishermen found my corpse, on which floated a long, white beard.

And I was the age that I'll be, O my heirs, on the day of my death.

Lys

À mon fils Magnus

Ames d'enfants morts avant la rosée baptismale.

L'aile poussive, elles ne purent, les frêles, gagner le paradis et les voici, non loin du sol, figées.

Tasses de larmes...

Le désir de les emporter tout entières là-haut attire les abeilles de la ruche bleue, mais la force de trancher la tige d'inespoir manqué aux malingres d'or.

Tantôt des mères aux mains tragiquement inconscientes légueront à la ville prochaine ces jets d'exil.

Hélas !

Mais je ne révélerai point l'enfer provoqué par votre ignorance, ô femmes qui anathématiseriez le Voyant et lui viendriez crever les yeux a la première auberge de sommeil !

Lily

For My Son Magnus

Souls of infants dead before the baptismal dew.

The dragging wing, poor frail ones, they could not reach paradise, and here they are, not far from the sun, paralyzed.

Cups of tears...

The longing to carry the whole host on high attracts the bees of the blue hive, but the golden sufferers lack the strength to cut through the stem of despair.

Sometimes, mothers with tragically irresponsible hands leave such lamentations over their exile to the next town.

Alas!

But I will not reveal the hell brought about by your ignorance, you women who would abhor the Prophet, and who would be blindingly obvious to him at the first station of sleep.

Alouettes

Les coups de ciseaux gravissent l'air.

> Déjà le crêpe de mystère que jetèrent les fantômes du vêpre sur la chair fraîche de la vie, déjà le crêpe de ténèbres est entamé sur la campagne et sur la ville.

Les coups de ciseaux gravissent l'air.

> Ouïs-tu pas la cloche tendre du bon Dieu courtiser de son tisonnier de bruit les yeux, ces belles-de-jour, les yeux blottis dessous les cendres de la nuit ?

Les coups de ciseaux gravissent l'air.

> Surgis donc du somme où comme morts nous sommes, ô Mienne, et pavoise ta fenêtre avec les lis, la pêche et les framboises de ton être.

Les coups de ciseaux gravissent l'air.

> Viens-t'en sur la colline où les moulins nolisent leurs ailes de lin, viens-t'en sur la colline de laquelle on voit jaillir des houilles éternelles le diamant divin de la vaste alliance du ciel.

Les coups de ciseaux gravissent l'air.

> Du faîte emparfumé de thym, lavande, romarin, nous assisterons, moi la caresse, toi la fleur, à la claire et sombre fête des heures sur l'horloge où loge le destin, et nous regarderons là-bas passer le sourire du monde avec son ombre longue de douleur.

Les coups de ciseaux gravissent l'air.

Larks

Scissor cuts rise up through the air.

> Already the black veil of mystery, cast by the ghosts of
> vespers over the fresh flesh of life, yes, already the black veil
> of darkness is eaten into above the countryside and the town.

Scissor cuts rise up through the air.

> Can't you hear the soft bell of our good Lord urging forth,
> with its poker of sound, the eyes, those day-flowers, the eyes
> huddled beneath the ashes of the night?

Scissor cuts rise up through the air.

> Burst then, from the sleep we sleep like the dead, O my Love,
> and glorify your window with the lilies, peach and
> raspberries of your being.

Scissor cuts rise up through the air.

> Come away to the hillside where the mills are setting their
> linen sails, come away to the hillside where we can see,
> emerging from the eternal coals, the heavenly diamond of
> the sky's endless wedding band.

Scissor cuts rise up through the air.

> From the hilltop scented with thyme, lavender, and
> rosemary, we will bear witness—I, the caressing hand; you,
> the flower—to the bright and dark festival of the hours on the
> clock where fate lives, and we will watch the smile of the
> world pass by, with its long shadow of grief.

Scissor cuts rise up through the air.

Jean de la Fontaine
1621-1695

Contre ceux qui ont le goût difficile

Quand j'aurais en naissant reçu de Calliope
Les dons qu'à ses amants cette muse a promis,
Je les consacrerais aux mensonges d'Esope:
Le mensonge et les vers de tout temps sont amis.
Mais je ne me crois pas si chéri du Parnasse
Que de savoir orner toutes ces fictions.
On peut donner du lustre à leurs inventions :
On le peut, je l'essaie : un plus savant le fasse.
Cependant jusqu'ici d'un langage nouveau
J'ai fait parler le loup et répondre l'agneau;
J'ai passé plus avant : les arbres et les plantes
Sont devenus chez moi créatures parlantes.
Qui ne prendrait ceci pour un enchantement?
    « Vraiment, me diront nos critiques,
    Vous parlez magnifiquement
    De cinq ou six contes d'enfant.»
Censeurs, en voulez-vous qui soient plus authentiques
Et d'un style plus haut ? En voici. Les Troyens,
Après dix ans de guerre autour de leurs murailles,
Avaient lassé les Grecs, qui par mille moyens,
    Par mille assauts, par cent batailles,
N'avaient pu mettre à bout cette fière cité ;
Quand un cheval de bois, par Minerve inventé,
    D'un rare et nouvel artifice,
Dans ses énormes flancs reçut le sage Ulysse,
Le vaillant Diomède, Ajax l'impétueux,
    Que ce colosse monstrueux
Avec leurs escadrons devait porter dans Troie,
Livrant à leur fureur ses dieux mêmes en proie :
Stratagème inouï, qui des fabricateurs
    Paya la constance et la peine.
« C'est assez, me dira quelqu'un de nos auteurs :
La période est longue, il faut reprendre haleine ;
    Et puis votre cheval de bois,
    Vos héros avec leurs phalanges,
    Ce sont des contes plus étranges
Qu'un renard qui cajole un corbeau sur sa voix.
De plus il vous sied mal d'écrire en si haut style. »
Eh bien! baissons d'un ton. La jalouse Amarylle
Songeait à son Alcippe et croyait de ses soins

Against Those Who Are Hard to Please

If at my birth Calliope had plied
me with the gifts the Muse pledged to her lovers,
I would have devoted them to Aesop's lies:
the lie and the poem have been friends forever.
But I don't think Parnassus loves me thus
for me to make my fictions things of beauty.
One can give one's inventions such a gloss:
one can, I try; a wiser man would do it.
Already though, in a new tongue, I've been
the one to make the wolf speak, the lamb reply.
I've got away with more before: the trees
and plants have found their voices under my
roof. Who would not take this as sorcery?
      "Truly," will say my critics,
      "You're making a whole lot of noise
      about five or six children's stories."
"Censors, do you want something more authentic
and in a higher tone? Here you are: The Trojans,
      after ten years of war around their walls
had wearied the Greeks, who in a thousand fashions,
by a thousand attacks, a hundred battles,
had not been able to bring to an end the course
of this proud city, when Minerva suggested a horse
      of wood, a rare new form of trickery,
for sequestered in its flanks were the wise Ulysses,
the brave Diomedes, Ajax the Impetuous,
      how this giant colossus
with their squadrons had to be carried into Troy
as if giving up even their Gods to the enemy as prey,
unheard of strategy which repaid its inventors
      every trouble and steadfastness."
"That's enough," some author will say to me.
"It's a long narrative. You need to breathe;
      and anyway your wooden horse,
      your heroes and their men,
      these are stranger tales again
than a fox who flatters a crow on his voice.
Furthermore this high tone suits you ill."
"Fine! Let's lower the tone: The jealous Amarylle
was dreaming of her Alcippe, believing

N'avoir que ses moutons et son chien pour témoins.
Tircis, qui l'aperçut, se glisse entre des saules ;
Il entend la bergère adressant ces paroles
      Au doux zéphire, et le priant
      De les porter à son amant.
      «Je vous arrête à cette rime,
      Dira mon censeur à l'instant;
      Je ne la tiens pas légitime.
      Ni d'une assez grande vertu.
Remettez, pour le mieux, ces deux vers à la fonte.»
      Maudit censeur! te tairas-tu?
      Ne saurais-je achever mon conte?
      C'est un dessein très dangereux
      Que d'entreprendre de te plaire.

      Les délicats sont malheureux :
      Rien ne saurait les satisfaire.

her sheep and dog sole witness to her grieving.
Tircis, who spied her, slid between willow trees;
he heard the shepherdess entreat the breeze
      gentle Zephyr, to deliver
      her message to her lover."
      "I ban you from this rhyme"
      my censor will say at once,
      "It doesn't seem to chime
      with truth or be worth much sense:
Better to melt both these verses back down."
      "Blasted censor. Will you shut your mouth?
      As if I don't know how to finish off
      my tale. It's a dangerous plan
      trying to please you all right."

      The sensitive man's unlucky:
      nothing satisfies him quite.

Conseil tenu par les Rats

Un Chat, nommé Rodilardus,
    Faisait de Rats telle déconfiture
        Que l'on n'en voyait presque plus,
Tant il en avait mis dedans la sépulture.
Le peu qu'il en restait, n'osant quitter son trou,
Ne trouvait à manger que le quart de son soû;
Et Rodilard passait, chez la gent misérable,
        Non pour un Chat, mais pour un Diable.
        Or, un jour qu'au haut et au loin
        Le Galand alla chercher femme,
Pendant tout le sabbat qu'il fit avec sa dame,
Le demeurant des Rats tint chapitre en un coin
        Sur la nécessité présente.
Dès l'abord, leur Doyen, personne fort prudente,
Opina qu'il fallait, et plus tôt que plus tard,
Attacher un grelot au cou de Rodilard ;
        Qu'ainsi, quand il irait en guerre,
De sa marche avertis ils s'enfuiraient sous terre ;
        Qu'il n'y savait que ce moyen.
Chacun fut de l'avis de Monsieur le Doyen ;
Chose ne leur parut à tous plus salutaire.
La difficulté fut d'attacher le grelot.
L'un dit : Je n'y vas point, je ne suis pas si sot ;
L'autre : Je ne saurais. Si bien que sans rien faire
      On se quitta. J'ai maints chapitres vus,
      Qui pour néant se sont ainsi tenus :
Chapitres, non de Rats, mais chapitres de moines,
      Voire chapitres de chanoines.

      Ne faut-il que délibérer,
      La cour en conseillers foisonne ;
      Est-il besoin d'exécuter,
      L'on ne rencontre plus personne.

Advice Agreed by Rats

A cat, whose name was Rodilard
had crushed the Rats to such degree
that those days one saw few about
because he'd sent so many to the cemetery.
The Rats left—hardly any—afraid to leave their holes
could only find a quarter of their former decent meals,
and Rodilard comported himself with that poor people
not as a cat, but as the devil.
One evening when the rogue had wandered
to seek a female far and near,
for the entire soiree he wooed his lady fair
the rest of the Rats arranged an assembly in a corner
about this clear and present threat.
Up front, the Elder, wise old Rat,
suggested that they should, and sooner the better as well,
stick around Rodilard's neck a tiny little bell.
That way when he went out to prowl
warned by his steps, they'd seek their holes.
Indeed he knew no other plan.
They all concurred with the great man.
Nothing seemed to them to solve their plight as well.
The difficulty came in how to fix the bell.
"It won't be me," one says. "I am not that naive."
Another: "There's no way." And so, having achieved
little, they parted. I've counted by the score
Assemblies ending up with nothing more:
assemblies not of rats, assemblies of men,
Even assemblies of Canons.

When talk is all a problem needs
men fill the Courts to take that role,
but when the focus turns to deeds
strangely you will not meet a soul.

La Chauve-souris et les deux Belettes

Une Chauve-Souris donna tête baissée
Dans un nid de Belette ; et sitôt qu'elle y fut,
L'autre, envers les souris de longtemps courroucée,
      Pour la dévorer accourut.
"Quoi ? vous osez, dit-elle, à mes yeux vous produire,
Après que votre race a tâché de me nuire!
N'êtes-vous pas Souris ? Parlez sans fiction.
Oui, vous l'êtes, ou bien je ne suis pas Belette.
      - Pardonnez-moi, dit la pauvrette,
      Ce n'est pas ma profession.
Moi Souris ! Des méchants vous ont dit ces nouvelles.
      Grâce à l'Auteur de l'Univers,
      Je suis Oiseau ; voyez mes ailes :
      Vive la gent qui fend les airs! "
      Sa raison plut, et sembla bonne.
      Elle fait si bien qu'on lui donne
      Liberté de se retirer.
      Deux jours après, notre étourdie
      Aveuglément se va fourrer
Chez une autre Belette, aux oiseaux ennemie.
La voilà derechef en danger de sa vie.
      La Dame du logis avec son long museau
      S'en allait la croquer en qualité d'Oiseau,
Quand elle protesta qu'on lui faisait outrage :
"Moi, pour telle passer! Vous n'y regardez pas.
      Qui fait l'Oiseau ? c'est le plumage.
      Je suis Souris : vivent les Rats !
      Jupiter confonde les Chats ! "
      Par cette adroite repartie
      Elle sauva deux fois sa vie.

Plusieurs se sont trouvés qui, d'écharpe changeants
Aux dangers, ainsi qu'elle, ont souvent fait la figue.
      Le Sage dit, selon les gens :
      "Vive le Roi, vive la Ligue. "

The Bat and the Two Weasels

A bat lowered her head, not thinking twice,
into a weasel's nest; no sooner done
than the latter, long antagonized by mice,
      came up, teeth bared, at a run.
"What's this!" she says. "You dare appear to me
after your race has tried to injure me.
Are you not a mouse? Don't tell me lies.
Of course you are, or I am not a weasel."
      "Forgive me, says the hapless damsel.
      "But that is not my guise.
Me, a mouse! Some villain told you this.
      Thanks to the maker of all things
      I am a bird. Look at my wings,
      Long live the people who slice the skies!"
      Her welcome reasoning seemed fine,
      so good in fact, that soon she finds
      the freedom to withdraw, but then
      just two days later, our dreamer, blindly
      is about to get in a hole again—
one weasel's, for whom birds are the enemy.
There she is once more in mortal danger.
      The lady of the house, with her long snout,
      believing her a bird, was chewing her out,
when she protested that all this was slander.
"Me, pass for such a one. Your eyes are shot.
      What makes a bird? It is the feathers.
      I am a mouse. Long live the rats
      and Jupiter curse all the cats."
      With this rejoinder, rather clever,
      she saved her life the second time over.

Many men have found, like her, in crisis
that changing colors gets them free to brag.
      The wise say, after checking who is closest:
      "Long live the King." Next time: "Long live the League!

Victor Hugo
1802-1885

A Villequier

Maintenant que Paris, ses pavés et ses marbres,
Et sa brume et ses toits sont bien loin de mes yeux ;
Maintenant que je suis sous les branches des arbres,
Et que je puis songer à la beauté des cieux ;

Maintenant que du deuil qui m'a fait l'âme obscure
      Je sors, pâle et vainqueur,
Et que je sens la paix de la grande nature
      Qui m'entre dans le cœur ;

Maintenant que je puis, assis au bord des ondes,
Emu par ce superbe et tranquille horizon,
Examiner en moi les vérités profondes
Et regarder les fleurs qui sont dans le gazon ;

Maintenant, ô mon Dieu ! que j'ai ce calme sombre
      De pouvoir désormais
Voir de mes yeux la pierre où je sais que dans l'ombre
      Elle dort pour jamais ;

Maintenant qu'attendri par ces divins spectacles,
Plaines, forêts, rochers, vallons, fleuve argenté,
Voyant ma petitesse et voyant vos miracles,
Je reprends ma raison devant l'immensité ;

Je viens à vous, Seigneur, père auquel il faut croire ;
      Je vous porte, apaisé,
Les morceaux de ce cœur tout plein de votre gloire
      Que vous avez brisé ;

Je viens à vous, Seigneur ! confessant que vous êtes
Bon, clément, indulgent et doux, ô Dieu vivant !
Je conviens que vous seul savez ce que vous faites,
Et que l'homme n'est rien qu'un jonc qui tremble au vent ;

Je dis que le tombeau qui sur les morts se ferme
      Ouvre le firmament ;
Et que ce qu'ici-bas nous prenons pour le terme
      Est le commencement ;

At Villequier

Now that Paris, its cobbles and effigies,
And fog and roofs are far enough from my eyes;
Now that I'm beneath the boughs of trees,
And I can muse on the beauty of the skies;

Now that, from the grief that dimmed my soul,
　　　　I rise, pale though not in defeat,
And that I can feel Nature's peaceful whole
　　　　Enter to make my heart complete.

Now that I'm sitting beside the breakers, moved
By this magnificent yet tranquil view,
Within myself I can inspect deep truths,
And look at lawns where blooms are pushing through;

Now that, O God, I have this gloomy peace
　　　　From which henceforth with mine
Own eyes I can see the stone under whose lease
　　　　She now sleeps for all time;

Now that, affected by these sacred visions:
Plains, forests, rocks, valleys, silvery stream,
Seeing my smallness and seeing your inventions,
I regain my reason in the face of the sublime;

I come, Lord, father in whom belief's our duty;
　　　　I bring you, quieted,
The fragments of this heart, full of your beauty,
　　　　Which you have blighted.

I come, Lord, ready to confess that you
Are good, merciful, kind and gentle, living God!
I accept that you alone know what you do
And Man is nothing but a trembling reed;

I say that, as it seals the dead, the tomb
　　　　Opens the universe
And that what we take down here for doom
　　　　Is really the reverse.

Je conviens à genoux que vous seul, père auguste,
Possédez l'infini, le réel, l'absolu ;
Je conviens qu'il est bon, je conviens qu'il est juste
Que mon cœur ait saigné, puisque Dieu l'a voulu !

Je ne résiste plus à tout ce qui m'arrive
        Par votre volonté.
L'âme de deuils en deuils, l'homme de rive en rive,
        Roule à l'éternité.

Nous ne voyons jamais qu'un seul côté des choses ;
L'autre plonge en la nuit d'un mystère effrayant.
L'homme subit le joug sans connaître les causes.
Tout ce qu'il voit est court, inutile et fuyant.

Vous faites revenir toujours la solitude
        Autour de tous ses pas.
Vous n'avez pas voulu qu'il eût la certitude
        Ni la joie ici-bas !

Dès qu'il possède un bien, le sort le lui retire.
Rien ne lui fut donné, dans ses rapides jours,
Pour qu'il s'en puisse faire une demeure, et dire :
C'est ici ma maison, mon champ et mes amours !

Il doit voir peu de temps tout ce que ses yeux voient ;
        Il vieillit sans soutiens.
Puisque ces choses sont, c'est qu'il faut qu'elles soient ;
        J'en conviens, j'en conviens !

Le monde est sombre, ô Dieu ! l'immuable harmonie
Se compose des pleurs aussi bien que des chants ;
L'homme n'est qu'un atome en cette ombre infinie,
Nuit où montent les bons, où tombent les méchants.

Je sais que vous avez bien autre chose à faire
        Que de nous plaindre tous,
Et qu'un enfant qui meurt, désespoir de sa mère,
        Ne vous fait rien, à vous !

I accept on my knees, father beyond compare,
Only you own the vast, the real, the complete;
I accept that it's good, I accept that it is fair
That my heart has bled because God wanted it!

I no longer resist all that will occur
        To me at your volition.
The soul from grief to grief, Man from shore to shore
        Drifts ad infinitum.

We never see more than a single side of cases;
The other swims in fear of the dark unknown.
Man endures the yoke not knowing the basis.
All that he sees is short-lived, vain, wind-blown.

You always reinstate his solitude
        Around where he steps forth.
You have not ever wished him certitude
        Or happiness here on earth.

Anything good he owns, Fate takes away.
No gift was his, these days that disappear,
So that he could put down some roots and say:
My house, my field, and those I love are here.

He must see briefly all that his eyes see.
        He ages without support.
If these things are, it's as they have to be.
        I accept it, I accept it!

The world is dark, O God! The set refrain
Is made of bitter tears as much as song.
Man's but an atom in this vast terrain
Which raises the good and casts away the wrong.

I know you have too much to do up there
        To pity our distress
And that a dying child, her mother's despair
        Means naught or less.

Je sais que le fruit tombe au vent qui le secoue,
Que l'oiseau perd sa plume et la fleur son parfum ;
Que la création est une grande roue
Qui ne peut se mouvoir sans écraser quelqu'un ;

Les mois, les jours, les flots des mers, les yeux qui pleurent,
      Passent sous le ciel bleu ;
Il faut que l'herbe pousse et que les enfants meurent ;
      Je le sais, ô mon Dieu !

Dans vos cieux, au-delà de la sphère des nues,
Au fond de cet azur immobile et dormant,
Peut-être faites-vous des choses inconnues
Où la douleur de l'homme entre comme élément.

Peut-être est-il utile à vos desseins sans nombre
      Que des êtres charmants
S'en aillent, emportés par le tourbillon sombre
      Des noirs événements.

Nos destins ténébreux vont sous des lois immenses
Que rien ne déconcerte et que rien n'attendrit.
Vous ne pouvez avoir de subites clémences
Qui dérangent le monde, ô Dieu, tranquille esprit !

Je vous supplie, ô Dieu ! de regarder mon âme,
      Et de considérer
Qu'humble comme un enfant et doux comme une femme,
      Je viens vous adorer !

Considérez encor que j'avais, dès l'aurore,
Travaillé, combattu, pensé, marché, lutté,
Expliquant la nature à l'homme qui l'ignore,
Eclairant toute chose avec votre clarté ;

Que j'avais, affrontant la haine et la colère,
      Fait ma tâche ici-bas,
Que je ne pouvais pas m'attendre à ce salaire,
      Que je ne pouvais pas

I know that fruits fall in the wind they feel,
That the bird loses its feathers, the flower its blush,
That creation is a huge wheel
Which cannot turn unless someone gets crushed.

The months, the days, the seas, the eyes that cry
        Pass under the blue ether.
The grass must grow and children have to die.
        I know it, Lord my father.

Within your skies, beyond the cloudy sphere,
Deep in that azure blue so still and sleeping,
You do things which to us may seem unclear
But are dependent on our mortal weeping.

Perhaps it's useful to your countless schemes
        That charming beings
Vanish, carried off by the eddying streams
        Of black happenings.

Our shadowy destinies travel beneath vast laws
Which nothing disconcerts or can resolve.
You can't show sudden mercy that might cause
An upset in the world, O God of love.

I beg you, O God, to focus on my soul
        And consider this true,
Meek as a child and gentle as a girl
        I come to worship you.

Consider, too, that I had, since the dawn,
Worked and struggled, thought, marched, tried to fight,
Explaining nature to people uninformed,
Clarifying all with your bright light,

That I had, facing hatred and resentment,
        Done my job here below,
That I could not expect any due payment,
        That I could not, oh no,

Prévoir que, vous aussi, sur ma tête qui ploie
Vous appesantiriez votre bras triomphant,
Et que, vous qui voyiez comme j'ai peu de joie,
Vous me reprendriez si vite mon enfant !

Qu'une âme ainsi frappée à se plaindre est sujette,
　　　　Que j'ai pu blasphémer,
Et vous jeter mes cris comme un enfant qui jette
　　　　Une pierre à la mer !

Considérez qu'on doute, ô mon Dieu ! quand on souffre,
Que l'œil qui pleure trop finit par s'aveugler,
Qu'un être que son deuil plonge au plus noir du gouffre,
Quand il ne vous voit plus, ne peut vous contempler,

Et qu'il ne se peut pas que l'homme, lorsqu'il sombre
　　　　Dans les afflictions,
Ait présente à l'esprit la sérénité sombre
　　　　Des constellations !

Aujourd'hui, moi qui fus faible comme une mère,
Je me courbe à vos pieds devant vos cieux ouverts.
Je me sens éclairé dans ma douleur amère
Par un meilleur regard jeté sur l'univers.

Seigneur, je reconnais que l'homme est en délire
　　　　S'il ose murmurer ;
Je cesse d'accuser, je cesse de maudire,
　　　　Mais laissez-moi pleurer !

Hélas ! laissez les pleurs couler de ma paupière,
Puisque vous avez fait les hommes pour cela !
Laissez-moi me pencher sur cette froide pierre
Et dire à mon enfant : Sens-tu que je suis là ?

Laissez-moi lui parler, incliné sur ses restes,
　　　　Le soir, quand tout se tait,
Comme si, dans sa nuit rouvrant ses yeux célestes,
　　　　Cet ange m'écoutait !

Foresee that you too, on my sinking skull,
Would hammer with your heavy arm of glory
And that you, who saw my joys are few and dull,
Would take back my child from me so swiftly;

That a soul so stricken is likely to oppose,
      That I may have set oaths free
And thrown my cries at you as a child throws
      A stone into the sea!

Consider, O my God, that pain brings disbelief,
That the eye, which cries too much will end up blind,
That a man plunged down the dark abyss by grief
Sees you no more and can't bring you to mind,

And it's not to be that man, on his regress
      Deep into afflictions,
Can have within him the sad peacefulness
      Of the constellations!

Today then I, who showed a mother's weakness,
Bow at your feet before your open skies,
I feel enlightened in my bitter bleakness
And look on the universe now with fresher eyes.

Lord, I recognize that man's insane
      If he dare mutter, Why?
I shall neither accuse nor curse at you again
      But let me cry.

Alas, let my eyes overflow with water
Since this is what you have made men to do.
Let me lean low and whisper to my daughter
Through this cold stone, Can you tell I'm here with you?

Let me speak to her, bent above her tomb
      In the evening, devoid of noise,
As if, re-opening her heavenly eyes in the gloom,
      This angel hears my voice.

Hélas ! vers le passé tournant un œil d'envie,
Sans que rien ici-bas puisse m'en consoler,
Je regarde toujours ce moment de ma vie
Où je l'ai vue ouvrir son aile et s'envoler !

Je verrai cet instant jusqu'à ce que je meure,
  L'instant, pleurs superflus !
Où je criai : L'enfant que j'avais tout à l'heure,
  Quoi donc ! je ne l'ai plus !

Ne vous irritez pas que je sois de la sorte,
Ô mon Dieu ! cette plaie a si longtemps saigné !
L'angoisse dans mon âme est toujours la plus forte,
Et mon cœur est soumis, mais n'est pas résigné.

Ne vous irritez pas ! fronts que le deuil réclame,
  Mortels sujets aux pleurs,
Il nous est malaisé de retirer notre âme
  De ces grandes douleurs.

Voyez-vous, nos enfants nous sont bien nécessaires,
Seigneur ; quand on a vu dans sa vie, un matin,
Au milieu des ennuis, des peines, des misères,
Et de l'ombre que fait sur nous notre destin,

Apparaître un enfant, tête chère et sacrée,
  Petit être joyeux,
Si beau, qu'on a cru voir s'ouvrir à son entrée
  Une porte des cieux ;

Quand on a vu, seize ans, de cet autre soi-même
Croître la grâce aimable et la douce raison,
Lorsqu'on a reconnu que cet enfant qu'on aime
Fait le jour dans notre âme et dans notre maison,

Que c'est la seule joie ici-bas qui persiste
  De tout ce qu'on rêva,
Considérez que c'est une chose bien triste
  De le voir qui s'en va !

Alas, turning an envious eye on the past,
With nothing on earth to keep my pain at bay
I'll see that moment in my life to the last
Of watching her spread her wings and fly away.

Yes, I will see that moment till I die—
      Pointless tears!—the time
When I cried, The child I had just now, oh why
      Is she no longer mine?

Do not be angry I still feel this way,
O my God, this unending wound has bled me blind.
The anguish in my soul does not decay
And my poor heart's subdued, but not resigned.

Do not be angry!—at foreheads claimed by grief,
      Mortals prone to tears.
It makes us uneasy to give the soul relief
      From these great sorrows.

You see, to us our children are necessary,
Lord, when we have seen in life, one morning,
In the midst of the burdens, the troubles, the misery,
And fate casting over us its shady warning,

A child appear, a precious sacred head,
      A tiny joyful creature,
So beautiful, you would have thought instead
      A gate of Heaven freed her;

When we've seen in her sixteen summers of
Growing in sweet reason and lovely grace
And so have realized that this child we love
Brings daylight to our soul and dwelling place;

That it's the only joy that isn't brief
      Of all we dreamed down here,
Consider then that it's a bitter grief
      To watch it disappear.

Charles Baudelaire
1821-1867

Recueillement

Sois sage, ô ma Douleur, et tiens-toi plus tranquille.
Tu réclamais le Soir ; il descend ; le voici :
Une atmosphère obscure enveloppe la ville,
Aux uns portant la paix, aux autres le souci.

Pendant que des mortels la multitude vile,
Sous le fouet du Plaisir, ce bourreau sans merci,
Va cueillir des remords dans la fête servile,
Ma Douleur, donne-moi la main ; viens par ici,

Loin d'eux. Vois se pencher les défuntes Années,
Sur les balcons du ciel, en robes surannées ;
Surgir du fond des eaux le Regret souriant ;

Le Soleil moribond s'endormir sous une arche,
Et, comme un long linceul traînant à l'Orient,
Entends, ma chère, entends la douce Nuit qui marche.

Meditation

Be good, my bad-time Blues, and hold more still.
You wanted evening: here it's coming down:
a sense of darkness drapes around the town,
bringing peace to some, to others ill.

While the masses seek their addictive thrills,
soon to be sorry—hedonism's known
for punishment, whip pitiless as stone—
my Blues, give me your hand, come here and chill.

Far from them. See: the years gone by are leaning
over the skies' deck dressed in vintage gear;
Regret is rising from deep waters, grinning;

the dying sun's bunked down beneath the pier,
and out of the East, like a grave cloth unwinding,
Baby, laid back Night is walking: hear.

Stéphane Mallarmé
1842-1898

L'Après-midi d'un faune

Églogue

Le Faune

Ces nymphes, je les veux perpétuer.

                                    Si clair,
Leur incarnat léger, qu'il voltige dans l'air
Assoupi de sommeils touffus.

                             Aimai-je un rêve ?
Mon doute, amas de nuit ancienne, s'achève
En maint rameau subtil, qui, demeuré les vrais
Bois même, prouve, hélas! que bien seul je m'offrais
Pour triomphe la faute idéale de roses --
Réfléchissons...

                      ou si les femmes dont tu gloses
Figurent un souhait de tes sens fabuleux !
Faune, l'illusion s'échappe des yeux bleus
Et froids, comme une source en pleurs, de la plus chaste :
Mais, l'autre tout soupirs, dis-tu qu'elle contraste
Comme brise du jour chaude dans ta toison ?
Que non! par l'immobile et lasse pâmoison
Suffoquant de chaleurs le matin frais s'il lutte,
Ne murmure point d'eau que ne verse ma flûte
Au bosquet arrosé d'accords; et le seul vent
Hors des deux tuyaux prompt à s'exhaler avant
Qu'il disperse le son dans une pluie aride,
C'est, à l'horizon pas remué d'une ride
Le visible et serein souffle artificiel
De l'inspiration, qui regagne le ciel.

O bords siciliens d'un calme marécage
Qu'à l'envi de soleils ma vanité saccage
Tacite sous les fleurs d'étincelles, CONTEZ
« Que je coupais ici les creux roseaux domptés
Par le talent; quand, sur l'or glauque de lointaines
Verdures dédiant leur vigne à des fontaines,

The Afternoon of a Faun

Eclogue

The Faun

I want these nymphs to stay always.

                        So fair,
that their soft blush reverberates in air
drowsy with thick sleep.

                   Did I love a dream?
Sustained by an old darkness, my doubt's extremes
are all fine branches, staying true to the wood,
alas, which proves that, alone, I misunderstood
for triumph a perfect deception of roses.
Let's consider...

             Or, these girls you supposed
represent a wish of your overactive senses.
Faun, like the tears of a spring, so did pretenses
drop from the innocent one's cold blue eyes
but does another, ruffle you, all sighs,
like a breeze on a hot day through your coat?
No. Through the stupor, still and bloated,
which suffocates the cool morning with heat,
no drop of water murmurs but from my flute
sprinkling the grove with chords. The only air,
outside what these two pipes blurt out before
it scatters their sound in a desolate rain
lies on the unrelievedly flat horizon:
the visible breath, artificial and even,
of inspiration, returning to the heavens.

O Sicilian shores of this too peaceful fen,
that my vanity dries up to the envy of suns,
silent under the flowers of its sparks, tell me:
That I was cutting here the hollow reeds,
tamed by talent, when on the golden gloom
of far off greenery owing to springs its bloom,

Ondoie une blancheur animale au repos :
Et qu'au prélude lent où naissent les pipeaux
Ce vol de cygnes, non! de naïades se sauve
Ou plonge... »

                    Inerte, tout brûle dans l'heure fauve
Sans marquer par quel art ensemble détala
Trop d'hymen souhaité de qui cherche le la :
Alors m'éveillerai-je à la ferveur première,
Droit et seul, sous un flot antique de lumière,
Lys! et l'un de vous tous pour l'ingénuité.

Autre que ce doux rien par leur lèvre ébruité,
Le baiser, qui tout bas des perfides assure,
Mon sein, vierge de preuve, atteste une morsure
Mystérieuse, due à quelque auguste dent ;
Mais, bast! arcane tel élut pour confident
Le jonc vaste et jumeau dont sous l'azur on joue :
Qui, détournant à soi le trouble de la joue,
Rêve, dans un solo long, que nous amusions
La beauté d'alentour par des confusions
Fausses entre elle-même et notre chant crédule ;
Et de faire aussi haut que l'amour se module
Évanouir du songe ordinaire de dos
Ou de flanc pur suivis avec mes regards clos,
Une sonore, vaine et monotone ligne.

Tâche donc, instrument des fuites, ô maligne
Syrinx, de refleurir aux lacs où tu m'attends !
Moi, de ma rumeur fier, je vais parler longtemps
Des déesses; et par d'idolâtres peintures
À leur ombre enlever encore des ceintures :
Ainsi, quand des raisins j'ai sucé la clarté,
Pour bannir un regret par ma feinte écarté,
Rieur, j'élève au ciel d'été la grappe vide
Et, soufflant dans ses peaux lumineuses, avide
D'ivresse, jusqu'au soir je regarde au travers.

O nymphes, regonflons des SOUVENIRS divers.
« Mon œil, trouant les joncs, dardait chaque encolure
Immortelle, qui noie en l'onde sa brûlure
Avec un cri de rage au ciel de la forêt ;

---

a wild whiteness came swaying down to earth;
at the slow prelude to which the pipes give birth
this flock of swans, no! naiads, climbed away
or dived...

Listless, all burns in the heat of the day:
how this bevy of beauties vanished cannot be known
by he who desired them and seeks the proper tone.
Well, I shall wake up full of fierce desire,
erect, alone, under the ancient fire.
Lilies! like one of you in guilelessness.

Further to rumors of this sweet nothing the kiss,
which quietly assures of some deceit,
my breast, virgin by proof, reveals a bite
mysteriously, from some noble tooth;
enough! this riddle chose to share the truth
with these great reeds we play out in the air
which take to their twin selves their player's cares,
and hope the long solo served to amuse
the beauty round us with this tale of confused
mix ups between it and our childish fashion,
and as love can become a nobler passion
so from the ordinary dream of back or thigh
followed with my closed eyes, it can make fly
a deep held, futile and mundane design.

Try then, crafty instrument of flight,
Syrinx, to refill the waiting lakes with flowers.
Proud of my sound I shall speak on for hours
of goddesses and, thanks to my somewhat lewd
depictions, I'll get still more women nude.
Thus, when I've drained the sweetness from the grape
to banish the pangs my trick cannot escape,
laughing at summer skies I lift the husks,
inflating the shining skins, and feel a lust
to drink till evening when I'll see through all.

O Nymphs, let's expand again on what we recall.
My eye, probing the reeds, found divine necks
which drowned their burning in the waves, with shrieks
of anger to the forest skies and then

Et le splendide bain de cheveux disparaît
Dans les clartés et les frissons, ô pierreries !
J'accours; quand, à mes pieds, s'entrejoignent (meurtries
De la langueur goûtée à ce mal d'être deux)
Des dormeuses parmi leurs seuls bras hasardeux ;
Je les ravis, sans les désenlacer, et vole
À ce massif, haï par l'ombrage frivole,
De roses tarissant tout parfum au soleil,
Où notre ébat au jour consumé soit pareil. »
Je t'adore, courroux des vierges, ô délice
Farouche du sacré fardeau nu qui se glisse
Pour fuir ma lèvre en feu buvant, comme un éclair
Tressaille ! la frayeur secrète de la chair :
Des pieds de l'inhumaine au cœur de la timide
Qui délaisse à la fois une innocence, humide
De larmes folles ou de moins tristes vapeurs.
« Mon crime, c'est d'avoir, gai de vaincre ces peurs
Traîtresses, divisé la touffe échevelée
De baisers que les dieux gardaient si bien mêlée :
Car, à peine j'allais cacher un rire ardent
Sous les replis heureux d'une seule (gardant
Par un doigt simple, afin que sa candeur de plume
Se teignît à l'émoi de sa sœur qui s'allume,
La petite, naïve et ne rougissant pas :)
Que de mes bras, défaits par de vagues trépas,
Cette proie, à jamais ingrate se délivre
Sans pitié du sanglot dont j'étais encore ivre. »

Tant pis ! vers le bonheur d'autres m'entraîneront
Par leur tresse nouée aux cornes de mon front :
Tu sais, ma passion, que, pourpre et déjà mûre,
Chaque grenade éclate et d'abeilles murmure ;
Et notre sang, épris de qui le va saisir,
Coule pour tout l'essaim éternel du désir.
À l'heure où ce bois d'or et de cendres se teinte
Une fête s'exalte en la feuillée éteinte :
Etna ! c'est parmi toi visité de Vénus
Sur ta lave posant tes talons ingénus,
Quand tonne une somme triste ou s'épuise la flamme.
Je tiens la reine !
        O sûr châtiment...
                Non, mais l'âme

the splendid waterfall of hair was gone
into the light and ripples, o precious stones!
I ran up, when at my feet lay, twined as one,
two sleeping girls haphazardly embracing,
knocked out by what two do, themselves abasing.
I seized them both together, carried them away
to a thicket hated by the frivolous shade,
where roses lose their perfume to the sun,
and we could frisk like a day soon to be done.
I love the virgins' wrath, oh wild delight
of the sacred, naked burden which takes flight,
sliding away from my lips which drink—on fire—
as lightning quivers! The flesh and its secret terror:
from the heartless one's feet to the shy one's heart,
from which at the same time, innocence departs,
wet with mad weeping or a gladder kind of tears.
My crime is that, having banished these traitorous fears
gaily, I divided the tousled tuft
of kisses that the gods kept so well ruffled:
for, scarcely was I about to hide a burning
laugh beneath one's happy folds (holding
the little one with one finger so her open book
might be colored by the passion of her sister's look,
since she was naïve and still not blushing:)
when from my arms, undone by the waves of coming,
this ever ungrateful prey ran off in a funk,
unmindful of the lust with which I was still drunk.

Too bad! Toward bliss by others I'll be led,
their long hair knotted to the horns on my head:
you know, my Passion, that, ripe and purple, each
pomegranate bursts and buzzes full of bees,
and our blood, in love with anyone who's willing,
flows for desire and its whole eternal swelling.
At the hour when this wood is tinted with gold and ashes,
out of the darkened foliage a festival flashes:
Etna! Venus visits you and controls
your lava flow putting down her clever heels,
then a sad sleep thunders or the flame turns to coal.
I hold the Queen!
        Certain punishment...
               No but the soul

De paroles vacante et ce corps alourdi
Tard succombent au fier silence de midi :
Sans plus il faut dormir en l'oubli du blasphème,
Sur le sable altéré gisant et comme j'aime
Ouvrir ma bouche à l'astre efficace des vins !

Couple, adieu ; je vais voir l'ombre que tu devins.

empty of words and the heavy body
succumb late to the proud silence of midday:
with no more ado I must sleep, forget
blasphemy, lying on the sands of regret
and how I love to drink up starry wine.

Farewell, girls gone to shadow; I go to mine.

Brise marine

La chair est triste, hélas! et j'ai lu tous les livres.
Fuir! là-bas fuir! Je sens que des oiseaux sont ivres
D'être parmi l'écume inconnue et les cieux!
Rien, ni les vieux jardins reflétés par les yeux
Ne retiendra ce œ qui dans la mer se trempe
O nuits! ni la clarté déserte de ma lampe
Sur le vide papier que la blancheur défend
Et ni la jeune femme allaitant son enfant.
Je partirai! Steamer balançant ta mâture,
Lève l'ancre pour une exotique nature!

Un Ennui, désolé par les cruels espoirs,
Croit encore à l'adieu suprême des mouchoirs!
Et, peut-être, les mâts, invitant les orages
Sont-ils de ceux qu'un vent penche sur les naufrages
Perdus, sans mâts, sans mâts, ni fertiles îlots...
Mais, ô mon cœur, entends le chant des matelots!

Sea Breeze

Flesh is so wretched, and I've read all the books.
To run! To run away! The birds, I feel, all look
drunk coasting the unknown waves and skies.
Nothing, not stately parks mirrored in my eyes,
will hold this heart which throws itself—O nights!—
far out to sea, not the stark glare of light
upon the empty page guarded so palely,
not even the young girl nursing her baby.
I'm leaving! Steamer with your masts asway,
raise anchor for exotic lands today!

This boredom, tortured by cruel hopes, believes
still in the parting magic of handkerchiefs.
What if these masts, should storms come, are the kind
which will be tossed to shipwrecks by the wind?—
lost, without masts. No masts, no blue lagoons...
but O my heart, hear that? The sailors' tunes.

Paul Verlaine
1844-1896

Mon Rêve familier

Je fais souvent ce rêve étrange et pénétrant
D'une femme inconnue, et que j'aime, et qui m'aime,
Et qui n'est, chaque fois, ni tout à fait la même
Ni tout à fait une autre, et m'aime et me comprend.

Car elle me comprend, et mon cœur transparent
Pour elle seule, hélas! cesse d'être un problème
Pour elle seule, et les moiteurs de mon front blême,
Elle seule les sait rafraîchir, en pleurant.

Est-elle brune, blonde ou rousse? Je l'ignore.
Son nom? Je me souviens qu'il est doux et sonore,
Comme ceux des aimés que la vie exila.

Son regard est pareil au regard des statues,
Et, pour sa voix, lointaine, et calme, et grave, elle a
L'inflexion des voix chères qui se sont tues.

My Recurrent Dream

I often have an odd and infiltrating dream
of a strange woman I love, who loves me also, and,
who every time, is neither exactly quite the same
nor exactly other, but loves me and understands.

Because she understands me, my heart makes itself clear
to her alone—alas!—and is no longer trying
to her alone, and she alone knows she may come near
and cool my pale and clammy forehead with her crying.

Brunette, blonde or redhead? This I do not know.
Her name? I just remember it sounds soft said low
like the names of those we've loved whom Life has killed.

Her gaze is like the gaze of statues; her voice sounds
far off, calm and solemn: it has the same lilt
as all the precious voices of those now in the ground.

Arthur Rimbaud
1854-1891

Le Bateau ivre

Comme je descendais des Fleuves impassibles,
Je ne me sentis plus guidé par les haleurs :
Des Peaux-Rouges criards les avaient pris pour cibles,
Les ayant cloués nus aux poteaux de couleurs.

J'étais insoucieux de tous les équipages,
Porteur de blés flamands ou de cotons anglais.
Quand avec mes haleurs ont fini ces tapages,
Les Fleuves m'ont laissé descendre où je voulais.

Dans les clapotements furieux des marées,
Moi, l'autre hiver, plus sourd que les cerveaux d'enfants,
Je courus ! Et les Péninsules démarrées
N'ont pas subi tohu-bohus plus triomphants.

La tempête a béni mes éveils maritimes.
Plus léger qu'un bouchon j'ai dansé sur les flots
Qu'on appelle rouleurs éternels de victimes,
Dix nuits, sans regretter l'oeil niais des falots !

Plus douce qu'aux enfants la chair des pommes sûres,
L'eau verte pénétra ma coque de sapin
Et des taches de vins bleus et des vomissures
Me lava, dispersant gouvernail et grappin.

Et dès lors, je me suis baigné dans le Poème
De la Mer, infusé d'astres, et lactescent,
Dévorant les azurs verts ; où, flottaison blême
Et ravie, un noyé pensif parfois descend ;

Où, teignant tout à coup les bleuités, délires
Et rhythmes lents sous les rutilements du jour,
Plus fortes que l'alcool, plus vastes que nos lyres,
Fermentent les rousseurs amères de l'amour !

Je sais les cieux crevant en éclairs, et les trombes
Et les ressacs et les courants : je sais le soir,
L'Aube exaltée ainsi qu'un peuple de colombes,
Et j'ai vu quelquefois ce que l'homme a cru voir !

The Drunken Boat

As I came down along the impassive Rivers
I no longer felt steered by the boat haulers:
gaudy red-skins had taken them as targets
nailed them naked to posts of many colors.

But I was unconcerned for all these crews,
bearers of English cotton, Flemish grain.
Done with the haulers and all that brouhaha
the Rivers let me wander without restraint.

In the angry lashings of the tides,
last winter, more absorbed than children's minds,
I roamed, and detached Peninsulas have never
suffered triumphant turmoil of like kind.

The storm blessed all my wakings on the sea.
For ten nights, light as a cork I danced upon
the deeps, named endless rollers of the drowned,
without once missing the stupid eyes of lanterns.

Sweeter than tart apples to a child,
green water seeped inside my pinewood hull,
washed away stains of vomit and blue wine,
swept my helm and anchor to the gulls.

And since then I've been bathing in the Poem
of the sea, opalescent and infused with stars,
devouring the azure greens; where, flotsam pale
and mesmerized, a drowned man sometimes appears;

where, suddenly coloring the blues, frenzies
and slow rhythms in the daylight's radiance,
stronger than alcohol, vaster than our lyres,
ferment the bitter redness of romance.

I know the lightning split sky, the waterspouts,
backwashes and currents. I know the evening,
the Dawn uplifted like a bevy of doves,
and sometimes I've seen things men once believed in.

J'ai vu le soleil bas, taché d'horreurs mystiques,
Illuminant de longs figements violets,
Pareils à des acteurs de drames très antiques
Les flots roulant au loin leurs frissons de volets !

J'ai rêvé la nuit verte aux neiges éblouies,
Baiser montant aux yeux des mers avec lenteurs,
La circulation des sèves inouïes,
Et l'éveil jaune et bleu des phosphores chanteurs !

J'ai suivi, des mois pleins, pareille aux vacheries
Hystériques, la houle à l'assaut des récifs,
Sans songer que les pieds lumineux des Maries
Pussent forcer le mufle aux Océans poussifs !

J'ai heurté, savez-vous, d'incroyables Florides
Mêlant aux fleurs des yeux de panthères à peaux
D'hommes ! Des arcs-en-ciel tendus comme des brides
Sous l'horizon des mers, à de glauques troupeaux !

J'ai vu fermenter les marais énormes, nasses
Où pourrit dans les joncs tout un Léviathan !
Des écroulements d'eaux au milieu des bonaces,
Et les lointains vers les gouffres cataractant !

Glaciers, soleils d'argent, flots nacreux, cieux de braises !
Échouages hideux au fond des golfes bruns
Où les serpents géants dévorés des punaises
Choient, des arbres tordus, avec de noirs parfums !

J'aurais voulu montrer aux enfants ces dorades
Du flot bleu, ces poissons d'or, ces poissons chantants.
- Des écumes de fleurs ont bercé mes dérades
Et d'ineffables vents m'ont ailé par instants.

Parfois, martyr lassé des pôles et des zones,
La mer dont le sanglot faisait mon roulis doux
Montait vers moi ses fleurs d'ombre aux ventouses jaunes
Et je restais, ainsi qu'une femme à genoux...

I've seen the low sun, stained with mystic horrors,
lighting, like actors in an ancient play,
with long clotted filaments, the seas
rolling their slatted blinds into far away.

I've dreamed in the green night of dazzling snows,
kisses rising slowly to the eyes of the seas,
the circulation of unimagined saps,
and the yellow-blue awakening of singing phosphors!

I have followed, for full months, the swell
like maddened cattle battering the reefs
without thinking that the Marys' luminous feet
could curb the muzzle of the snorting Deeps.

Don't you know I've struck incredible Floridas,
seen where the eyes of human-skinned panthers blur
with flowers! And rainbows stretch away like bridles
under the seas' horizon, to silvery herds.

I've seen enormous swamps fermenting, nets
where a whole Leviathan rots within the grasses!
Eruptions of water in the midst of calms,
and the horizons spilling over into abysses.

Glaciers, silver suns, pearl seas and skies
like embers, hideous wrecks on brown gulf floors
where giant serpents infested by parasites
drop from the twisted trees with sweet black spoors!

I'd have liked to show to children these sea bream
of the blue seas, these golden fish that sing.
Foamy flowers have rocked my wanderings
and indescribable winds have lent me wings.

Sometimes, a martyr wearied of poles and zones,
the sea, whose sobs softened my rolling, eased
her shadow flowers with yellow cups toward me,
and I hung there like a woman on her knees.

Presque île, ballottant sur mes bords les querelles
Et les fientes d'oiseaux clabaudeurs aux yeux blonds.
Et je voguais, lorsqu'à travers mes liens frêles
Des noyés descendaient dormir, à reculons !

Or moi, bateau perdu sous les cheveux des anses,
Jeté par l'ouragan dans l'éther sans oiseau,
Moi dont les Monitors et les voiliers des Hanses
N'auraient pas repêché la carcasse ivre d'eau ;

Libre, fumant, monté de brumes violettes,
Moi qui trouais le ciel rougeoyant comme un mur
Qui porte, confiture exquise aux bons poètes,
Des lichens de soleil et des morves d'azur ;

Qui courais, taché de lunules électriques,
Planche folle, escorté des hippocampes noirs,
Quand les juillets faisaient crouler à coups de triques
Les cieux ultramarins aux ardents entonnoirs ;

Moi qui tremblais, sentant geindre à cinquante lieues
Le rut des Béhémots et les Maelstroms épais,
Fileur éternel des immobilités bleues,
Je regrette l'Europe aux anciens parapets !

J'ai vu des archipels sidéraux ! et des îles
Dont les cieux délirants sont ouverts au vogueur :
- Est-ce en ces nuits sans fonds que tu dors et t'exiles,
Million d'oiseaux d'or, ô future Vigueur ?

Mais, vrai, j'ai trop pleuré ! Les Aubes sont navrantes.
Toute lune est atroce et tout soleil amer :
L'âcre amour m'a gonflé de torpeurs enivrantes.
Ô que ma quille éclate ! Ô que j'aille à la mer !

Si je désire une eau d'Europe, c'est la flache
Noire et froide où vers le crépuscule embaumé
Un enfant accroupi plein de tristesse, lâche
Un bateau frêle comme un papillon de mai.

Almost an island, tossing on my shores the fights
and droppings of the squawking pale-eyed birds,
I went sailing, while across my brittle chains
drowned men descended to sleep, dropping backwards.

But I, boat lost under the hair of coves,
thrown by the hurricane into the birdless void,
whose water-drunken carcass would never have been
salvaged by Monitor or Hanse ships of trade;

free, steaming, risen from violet mists,
I, who drilled through the reddening sky like a dam
covered in a confection all good poets love—
lichens of the sun and azure phlegm;

who raced, bespattered with electric crescents,
mad plank escorted by sea-horses of jet,
while with their hammer blows Julys compelled
the turquoise skies to collapse into burning pits;

who trembled, sensing fifty leagues away
the groan of Behemoth's rutting, and of dense
Maelstroms, endless spinner of blue stillness,
I miss the Europe of old parapets!

I've seen archipelagos like stars, and islands
whose ecstatic skies are open to the sailor:
do you sleep and exile yourselves in these bottomless nights,
you countless golden birds, life force of the future?

But truly I've wept too much. Dawns are heartbreaking.
Every moon's barbaric, bitter each sun:
harsh love has filled me with apathetic drugs.
O let my keel split open! Let me sink and be done!

If there's one European water I desire,
it's the cold black pool, where in the fragrant twi-
light, a crouching child, full of sadness, launches
a boat as fragile as a May butterfly.

Je ne puis plus, baigné de vos langueurs, ô lames,
Enlever leur sillage aux porteurs de cotons,
Ni traverser l'orgueil des drapeaux et des flammes,
Ni nager sous les yeux horribles des pontons.

I can no longer, bathed in your lethargy, waves,
erase the wakes of the barges that bear flax,
nor cross the pride of pennants and of flags,
nor swim by the horrible eyes of floating docks.

Anna, Comtesse de Nouailles
1876-1933

C'est après les moments…

C'est après les moments les plus bouleversés
De l'étroite union acharnée et barbare,
Que, gisant côte à côte, et le front renversé
Je ressens ce qui nous sépare !

Tous deux nous nous taisons, ne sachant pas comment,
Après cette fureur souhaitée, et suprême,
Chacun de nous a pu, soudain et simplement,
Hélas ! redevenir soi-même.

Vous êtes près de moi, je ne reconnais pas
Vos yeux qui me semblaient brûler sous mes paupières ;
Comme un faible animal gorgé de son repas,
Comme un mort sculpté sur sa pierre,

Vous rêvez immobile, et je ne puis savoir
Quel songe satisfait votre esprit vaste et calme,
Et moi je sens encore un indicible espoir
Bercer sur moi ses jeunes palmes !

Je ne puis pas cesser de vivre, mon amour !
Ma guerrière folie, avec son masque sage,
Même dans le repos veut par mille détours
Se frayer encore un passage !

Et je vous vois content ! Ma force nostalgique
Ne surprend pas en vous ce muet désarroi
Dans lequel se débat ma tristesse extatique.
—Que peut-il y avoir, ô mon amour unique,
De commun entre vous et moi !

It's After...

It's after the most deeply moving now
of the close union, passionate and wild,
that, lying side by side with my face down,
I feel the breadth of the divide.

We are both silent, not knowing how we can,
after this consummation—wished for, insane—
suddenly and terribly, have, each one,
alas! become ourselves again.

You're near to me—I do not know, I feel,
your eyes which seemed to sear into my lids.
Like a beast drowsy after a full meal,
a dead man's image in his crypt,

you dream, motionless, and I cannot know
what vision slakes your huge and placid core,
while I still sense an inexpressible hope
wave palm leaves over my shore.

I can't give up my fire to be, my sweet!
My warlike madness, with its sober mask,
even at rest wants to beat its route
down a thousand crooked paths!

And I see you contented! My force of longing
can't grasp in you this speechless anarchy
in which my ecstatic sadness is always struggling.
What can there possibly be, my only darling,
in common between you and me?

About the Author

Anna M. Evans' poems have appeared or are forthcoming in the *Harvard Review*, *Atlanta Review*, *Rattle*, *American Arts Quarterly*, and *32 Poems*. She gained her MFA from Bennington College, and is the Editor of *The Raintown Review*. Recipient of a 2011 Fellowship from the MacDowell Artists' Colony, she currently teaches at West Windsor Art Center and Richard Stockton College of New Jersey. Her chapbooks *Swimming* and *Selected Sonnets* are available from Maverick Duck Press. Visit her online at www.annamevans.com.

www.ingramcontent.com/pod-product-compliance
Lightning Source LLC
Chambersburg PA
CBHW032025040426
42448CB00006B/722